AF319672

COLONISATION

DE

L'ALGÉRIE.

Examen de la Question. — Solution du Problême.

PAR EUGÈNE FABVIER,

Rédacteur en chef de l'OCÉAN.

———

A BREST,

CHEZ Vᵉ J.-B. LEFOURNIER, LIBRAIRE,

Rue Royale, 86.

—

1847.

COLONISATION DE L'ALGÉRIE.

§ Ier.

L'avenir de nos possessions en Afrique préoccupe vivement tous les esprits , et c'est à juste titre. La France n'a point fait tant de sacrifices inutilement ; elle n'a pas vainement employé ses soldats et son or. Il faut que la colonisation suive la conquête, que cette terre devienne pour nous une autre patrie ; mais là comme partout nos hommes d'état montrent leur impuissance, aucune volonté supérieure ne vient faire un choix parmi les projets présentés, tous les plans restent à l'état d'essais incomplets , il n'y a pas même un système d'épreuves convenablement établi et qui puisse enfin permettre , en faisant la part des erreurs, d'adopter au bout d'un certain temps un mode définitif de colonisation.

Cela est triste à dire : l'état ne sait ou ne veut rien faire, et ces longues hésitations, ces incroyables négligences déterminent chaque jour de nouveaux obstacles et rendent la situation plus précaire. Cet éternel ennemi, que nous ont suscité nos victoires, Abd-el-Kader , est plus dangereux qu'on ne le pense. Vaincu et repoussé , il retrouve sans cesse des forces nouvelles pour recommencer la bataille, et ne ferait-il donc que jeter la terreur parmi nos colons , éloigner la confiance, empêcher de vastes entreprises , que son nom par cela seul serait déjà même un péril ; mais qu'on ne s'y trompe point , il y a dans ce chef de parti plus qu'un homme, un ennemi ordinaire ; il y a un principe. Abd-el-Kader représente pour nous le fanatisme religieux uni à ce sentiment de farouche indépendance qui anime les Arabes. Ce n'est point sans efforts que l'on fait la conquête d'un pays, que l'on apporte à un peuple des mœurs , des lois , des croyances nouvelles. Une nation ne se superpose point à une nation sans une résistance opiniâtre de la part du plus faible. L'instinct de la propriété, l'amour de la patrie , les préjugés enfin, viennent se réunir pour donner à l'opprimé le courage du désespoir. Plus l'action du conquérant est forte , plus la réaction est violente; c'est cet esprit de résistance que personnifie, à notre avis, Abd-el-Kader. Qu'il s'appelle de ce nom ou d'un autre, qu'il soit Jugurtha ou Annibal, Pelasge ou Robert Bruce , l'histoire, à chaque époque d'envahissement , nous présente un type analogue ralliant les vaincus autour de sa bannière de proscrit et combattant sans espoir , mais avec l'entêtement de la vengeance, les hommes qui apportent l'oppression. Abd-el-Kader n'a pas été notre unique ennemi ; voyez Bou-Maza, aventurier sans puissance, il se présente aux tribus comme un envoyé d'en-haut, il fait appel aux sentiments que nous avons essayé de dépeindre , et il se crée une armée. Était-ce donc l'homme que l'on suivait? Non! c'était le principe.

Nous l'avouons, au point de vue général , en ne considérant que le droit commun, la résistance des Arabes nous paraît très-logique ; cependant, il y a au fond de ce débat un intérêt plus grand, celui de l'humanité, celui de la civilisation; reculer les bornes de la Barbarie , mêler un peuple encore ignorant à une nation instruite et forte, apporter les lumières de nos connaissances variées à ces malheureux abrutis par d'odieux préjugés ; c'est une noble tâche , c'est le rôle que doit jouer la France dans ce débat, rôle important, immense et fécond dans ses résultats , mais qui n'en est pas moins injuste vis-à-vis de ces convertis par la force du glaive , et qui par cela même est plus difficile; car enfin, ces peuples, tout barbares et ignorants qu'ils sont, peuvent très-bien tenir à leur barbarie, à leur ignorance, et ne pas comprendre la nécessité de changer leurs coutumes, leurs croyances, leurs usages, contre nos mœurs, nos lois et nos croyances. Si donc la France remplit ce but de la destinée en modifiant complètement les institutions de ce peuple , afin de le faire rentrer dans la marche intégrale de l'humanité , elle doit imiter la providence dont elle accomplit la mission , porter le glaive dans une main et l'olivier dans l'autre; construire des monuments durables à côté des fragiles édifices qu'elle détruit : autrement, si elle livre tout au hazard des batailles, la guerre naîtra de la guerre, et qui peut en prévoir les résultats !

Au moment où nous écrivons ces lignes, peut-être Abd-el-Kader, après avoir remporté quelques avantages sur l'empereur du Maroc, a-t-il déjà organisé une révolte complète dans ce royaume; une conspiration qui entraînerait un changement de dynastie, alors ce ne sera plus à un partisan que nous aurons à faire, mais au chef d'un puissant empire, dont les soldats fanatisés, depuis longtemps, pourront nous faire une guerre terrible, en se précipitant sur nos colons isolés et non aguerris. Il faudra donc encore d'autres soldats et d'autres combats, d'autres sacrifices de sang et d'argent, dix-sept années de périls et de fatigues seront presque perdues pour nous; tout sera en remis question ; il faudra recommencer.

A Dieu ne plaise que ce malheur nous arrive; mais ces événements ne sont pas impossibles, et voilà la situation que l'impuissance de nos hommes d'état a su nous faire en Algérie. N'y a-t-il donc aucun moyen de porter remède à cet état de choses, de donner à cette colonie une puissance réelle, une force effective qu'elle puisera en elle-même, et d'empêcher des malheurs comme ceux que nous venons d'indiquer. A-t-on bien fait ce qu'il fallait faire? ou bien les fautes commises ne peuvent-elles nous indiquer une marche plus rationnelle ? Voilà ce que nous allons examiner.

§ II.

La conquête de l'Afrique a précédé la chute de l'ancienne dynastie d'un très-court espace de temps. Cette circonstance, à notre avis, avait un mauvais côté pour notre colonie. Dans les changements politiques il y a toujours un mouvement social assez semblable à l'agitation d'un liquide, c'est-à-dire certaines parties que l'on voit disparaître de la surface, tandis que d'autres s'élèvent des régions inférieures; il y a aussi des dévoûments à récompenser, des places à donner; il y a surtout beaucoup de gens qui n'ont pas montré de dévoûment, qui n'ont point rendu de services, qui arrivent on ne sait d'où, mais qui sont plus âpres à la curée que tous les autres.

La conquête toute récente de l'Algérie fut une proie offerte à toutes les ambitions hautes ou basses. Chacun rêvait la gloire, chacun voulait se distinguer, généraux et soldats se précipitaient en avant, toujours en avant, chassant les populations, marchant sans cesse, s'emparant des villes et du pays, et suivis d'une foule d'aventuriers qui s'établissaient à la suite de l'armée, vivaient à ses dépens, exploitant les besoins, les défauts du soldat, et le poussant à des débordements dont leur industrie savait profiter.

Pour organiser la conquête, il faut une volonté ferme et bien arrêtée, surtout quand l'envahissement est opéré sans ordre. Précisément cette volonté faisait défaut. Les gouverneurs, sans guides et sans appuis, ne pouvant communiquer facilement avec les chefs d'expédition, représentaient un pouvoir qu'ils n'exerçaient pas réellement : il n'y avait ni but, ni principes, ni unité. L'administration intérieure était encore en plus mauvais état, c'était un gaspillage effrayant, auquel on ne pouvait porter remède à cause des difficultés même du contrôle. Les entrepreneurs, les fournisseurs, choisis sur les lieux, parmi la population civile, étaient des hommes d'affaires qui n'avaient consenti à s'expatrier que dans l'espoir de faire rapidement une grande fortune, et qui, par conséquent, étaient peu scrupuleux sur les moyens de se la procurer. Cette ardeur du gain à toutes conditions envahit bientôt tous les esprits, et Dieu sait ce qui se passa.

Celui qui ferait consciencieusement l'histoire de cette époque, qui peindrait cette vaste étendue de pays livrée à un pillage systématique, à des troupes de traitants affamés, tiraillant en tous sens le butin commun pour avoir la plus grosse part ; celui qui mettrait au jour, dans toute leur vérité, de pareilles choses, rendrait certainement un important service à l'humanité, et nous donnerait en particulier un grand exemple à méditer. Mais nul ne prendra cette peine aujourd'hui, et ce que l'on est convenu de faire en Algérie, ce n'est point d'empêcher le mal, mais de nier son existence. Avec ce procédé, est-il étonnant que les mêmes fautes se renouvellent sans cesse ? Nous avons dit que la conquête, pour être respectable, devait avoir une mission providentielle, celle d'initier des peuples barbares aux progrès obtenus par les peuples civilisés et de leur imposer le droit social commun. Pour remplir ces importants devoirs, le but doit réunir tous les efforts, la guerre n'être que le moyen. Nos industries, nos arts, nos sciences doivent avoir de dignes représentants : c'est l'armée pacifique marchant à côté des combattants et fécondant la victoire en utilisant ses résultats. Quelle tâche et combien le tableau que nous présente notre imagination est magnifique et bien digne de tenter une grande nation ! Malheureusement ce n'est qu'un rêve. Savez-vous comment la grande nation est représentée sur le terrain envahi, quelles sont les industries qui y courent en premier lieu, quelle est la population que l'on y trouve ? Des hommes de toutes les religions, de tous les pays, parmi lesquels cependant les français sont en petit nombre, des renégats de tous les cultes, des banqueroutiers de toutes les villes, des escrocs malheureux, des chevaliers d'industrie à bout de ressources ; ou bien de malheureux ouvriers que de cruelles déceptions attendent, quelques marchands avides, quelques faiseurs de toutes sortes d'affaires, quelques ambitieux de tous les étages. Savez-vous quelles sont les premières industries qui suivent la conquête ? Des tavernes, des restaurants, des cabarets, des cafés où chantent de misérables filles, des estaminets où... l'on fume et l'on joue....... et bien pis encore !

Deux petites anecdotes vont compléter cette peinture ; elles prouveront quel esprit anime nos colons.

Voici la première :

A Oran, l'un de nos amis entre dans la boutique d'un industriel pour y faire une petite emplète. Il trouve le prix exorbitant et se récrie. — C'est trois fois plus cher que cela ne vaut, dit-il. — C'est possible, répond avec sang-froid le marchand ; mais j'ai tellement hâte de revoir la France, que je vends un peu plus cher pour avoir plus promptement terminé mes affaires.

Voici la seconde : l'emplacement d'une ville à bâtir ayant été arrêté par les autorités du pays, la construction des édifices nécessaires fut décidée et l'on offrit des conditions avantageuses aux habitants qui viendraient s'y fixer. Il n'y avait encore que deux colons, lorsqu'un monsieur s'empressa de faire des démarches auprès du gouvernement pour obtenir quoi?.... Une charge d'huissier dans la cité future. Nous ne savons si l'homme de loi est parvenu à faire naître un procès dans la ville où il allait demeurer, lui troisième.